SONNE · MOND UND · STERNE

- *Erstes Lesealter*
- *Große Schrift*
- *Viele farbige Bilder*
- *Bekannte Autoren*

Kirsten Boie
Ein Hund spricht doch nicht mit jedem

Bilder von
Silke Brix-Henker

Verlag Friedrich Oetinger · Hamburg

© Verlag Friedrich Oetinger, Hamburg 1996
Alle Rechte vorbehalten
Titelbild und farbige Illustrationen von Silke Brix-Henker
Einbandgestaltung: Manfred Limmroth
Satz: Lichtsatz Wandsbek, Hamburg
Lithos: Posdziech GmbH, Lübeck
Druck und Bindung: Mohndruck Graphische Betriebe GmbH, Gütersloh
Printed in Germany 1996

ISBN 3-7891-0511-2

1.

Ich heiße Lisa, und mir ist was passiert,
das glaubt mir ja kein Mensch.
Morgens in der Schule hat Herr Rieger
gesagt, jetzt wollen wir mal über
Haustiere sprechen und wer eins hat,
darf sich melden.

Fabi hat einen Wellensittich, der kann
„Butschi" sagen; und Thomas hat drei
Goldfische im Teich; und Anna-Isabel hat
einen Hamster. Lexa und Tini haben ein
Meerschweinchen, und Andi hat eine
Schildkröte von seinem Opa geerbt, die
ist fast hundert Jahre alt. Und Mathias
hat ein Zwergkaninchen, das will seine
Mutter nicht mehr so gerne in der
Wohnung haben, weil der Käfig so riecht.
Und Lena hat gesagt, sie hat eine Katze
bei ihrer Oma, die heißt Bamse.

Nur ich hab natürlich gar nichts gesagt, ich hab ja kein Tier. Mama sagt, wenn die Mutter den ganzen Tag arbeitet und das Kind ist nach der Schule allein zu Hause, dann geht das eben nicht. Und vielleicht sind wir sowieso auch allergisch gegen Tiere und wissen das nur nicht. Ich nörgel deswegen ja auch schon lange nicht mehr, aber in der Schule habe ich es plötzlich so ungerecht gefunden. Und ich hab mir ein Tier gewünscht, so doll, es hat richtig im Bauch weh getan.

„Hat sonst noch jemand ein Tier?" hat Herr Rieger gefragt und sich in der Klasse umgeguckt. „Noch ein anderes vielleicht?"
Da hab ich mich einfach gemeldet.
„Einen Hund", hab ich gesagt, und meine Stimme hat ganz komisch geklungen. „Ich hab einen Hund." Und als ich es gesagt hab, hab ich es selber fast geglaubt.
„Sie lügt!" hat Andi geschrien.
„Die hat ja gar keinen Hund!" hat Flo gebrüllt.
„Sie darf nämlich gar kein Tier", hat Anna-Isabel gesagt.
Und ich hab „Ich lüg gar nicht!" gesagt und „Darf ich wohl!" und „Hab ich wohl!"
Aber Herr Rieger hat schon gleich so geguckt, als ob er mir nicht glaubt.
„Du hättest aber sicher gerne einen Hund, Lisa", hat er mit so einer ganz

lieben Stimme gesagt.
Da hab ich fast angefangen zu heulen,
und ich hab gedacht, wenn ich achtzehn
bin, mach ich keinen Führerschein, und
ich kauf mir auch kein Auto.
Ich kauf mir jede Wette einen Hund.

2.

Danach ist es aber leider noch schlimmer geworden.
Wenn ein Tag schon mal schlimm anfängt, dann geht er auch schlimm weiter. Das weiß ja jeder.
In der dritten Stunde hat Herr Rieger nämlich gesagt, daß er jetzt eine Bitte an uns hat. Weil doch in drei Tagen das Schulfest sein sollte, und da sollten wir mal überlegen, ob wir nicht was vorführen könnten.
Anna-Isabel hat sich natürlich sofort gemeldet und gesagt, sie kann ein Menuett von Mozart auf der Flöte, und Fabi und Thomas kannten sechs verschiedene Zaubertricks, und Mathias wußte ein wunderschönes Gedicht, das hatte er beim Geburtstag von seinem

Opa aufgesagt. Und Lexa und Tini konnten einen Tanz aus „Cats" tanzen, im Katzenkostüm und mit Musik von der CD.
Nur ich konnte natürlich wieder gar nichts.
Und Herr Rieger hat sich alles aufgeschrieben und gesagt, ganz wunderbar. Da kriegen wir ja ein tolles Programm zusammen.
Aber natürlich war das Programm mal wieder ohne mich. Ich hab kein Tier, und ich kann kein Gedicht. So ist das leider ja immer.

3.

Abends war Mamas neuer Freund bei uns, der ist Elektriker und sehr nett.
Er hat auf dem Sofa gelegen und die Sportzeitung gelesen, und Mama hat im Badezimmer mit wütendem Gesicht schmutzige Wäsche in die Waschmaschine gestopft.
Und dann hat Erdogan es gesagt. Einfach so.
„Ihr müßt übrigens ab morgen Martins Hund nehmen", hat er gesagt. „Martin fährt fünf Tage weg." Martin ist nämlich Erdogans Freund.

„Spinnst du?" hat Mama gesagt und die Waschmaschinentür zugedonnert. „Hier ist doch den ganzen Tag keiner zu Hause."
„Martin weiß sonst keinen", hat Erdogan gesagt. „Und Lisa ist ja da."
„Oh, bitte!" hab ich gerufen. „Bitte, Mama, bitte!"
„Kommt ja gar nicht in Frage", hat Mama gesagt. Das sagt sie zuerst nämlich immer.

4.

Und da war das Wunder also passiert. Am nächsten Tag hab ich den Hund gleich nach der Schule bei Martin abgeholt.
„Ich muß jetzt leider zu meinem Hund", hab ich zu Anna-Isabel gesagt.
„Du tickst ja nicht richtig", hat Anna-Isabel gesagt und ist nach Hause zu ihrem Hamster gegangen.
„Wirst du schon noch sehen!" hab ich hinter ihr hergebrüllt. Und ich bin den ganzen Weg bis zu Martin gerannt. Martin hat mir den Hund auch wirklich gleich gegeben. Der Hund heißt Törtel und sieht groß und unordentlich aus, und er ist eigentlich gar keine Rasse. Oder mindestens hundert Rassen vermischt. Martin hat gesagt, das sind die besten.

Und ich soll gut für Törtel sorgen die paar Tage. Das wollte ich ja sowieso. Ich hab die Leine ganz fest gehalten, und dann bin ich gleich zu Anna-Isabel gerannt. Sollte sie mal sehen, wer hier einen Hund hatte! Hunde sind tausendmal besser als Hamster.

„Törtel!" hab ich gerufen und bin schneller gerannt. „Komm, Törtel, komm!" Neben mir hat es geschnauft. „Pssst, nicht so laut!" hat eine Stimme gesagt. „Nicht diesen peinlichen Namen!"
Die Stimme war tief wie eine Männerstimme, und ich bin fast in Ohnmacht gefallen.
„Törtel?" hab ich geflüstert und bin stehengeblieben.

„Wer sonst", hat die Stimme neben mir gesagt. „Wer sonst."
Da hab ich es endlich begriffen. Törtel hat wirklich gesprochen! Aber natürlich können Hunde nicht sprechen.
„Du kannst gar nicht sprechen", hab ich zu Törtel gesagt. „Sprechende Hunde gibt es nicht."
„Wer hat das behauptet?" hat Törtel gefragt und sich vor mir auf den Radweg gesetzt. Seine Schnauze hat sich bewegt, und die Stimme ist tief und grummelig aus ihm rausgekommen.

„Das wissen doch alle!" hab ich geflüstert. Hinter mir ist ein Radfahrer fast vom Rad gekippt, weil wir doch den ganzen Weg blockiert haben. „Es hat noch nie ein Hund gesprochen! Das lernt man auch in der Schule!"
„Schule!" hat Törtel gesagt. „Woher weißt du, daß nie ein Hund geredet hat? Nur weil mit dir nie einer ..."
„Aber unser Lehrer ...!" hab ich gerufen.
„Mit Lehrern redet natürlich kein anständiger Hund", hat Törtel gesagt. „Wir reden nur, wenn wir wollen."
Dann ist er aufgestanden und hat an seiner Leine gezerrt. „Wolltest du nicht zu Anna-Isabel?"

5.

Bei Anna-Isabel hab ich geklingelt wie verrückt.
„Jetzt siehst du mal, daß ich einen Hund habe!" hab ich gesagt. „Sitz, Törtel, sitz!"
„Das ist ja gar nicht deiner!" hat Anna-Isabel gesagt.
„Wohl ist das meiner!" hab ich geschrien. „Für fünf Tage ausgeliehen!"
„Dann ist das ja nur ein Leihhund", hat Anna-Isabel gesagt. „Leihhunde gelten nicht."
„Und sprechen kann er auch!" hab ich gerufen. „Sag mal was, Törtel!"
Törtel hat gegähnt und seinen großen Kopf auf die Pfoten gelegt. Dann hat er die Augen zugemacht.
„Sag doch was, Törtel!" hab ich gefleht. „Sag guten Tag!"

Aber Törtel hat nur kurz hochgeguckt und ein bißchen mit dem Schwanz gewedelt wie ein ganz normaler Hund.
„Törtel!" hab ich geschrien.
In der Tür hat jetzt auch Anna-Isabels Mutter gestanden.

„Nicht so laut im Treppenhaus", hat sie gesagt und sehr vornehm ausgesehen. „Komm, Isalein, Essenszeit", und sie hat die Wohnungstür zugemacht.

Aber ich hab noch genau gehört, daß Anna-Isabel gesagt hat, Lisa hat schon wieder geschwindelt. Und ihre Mutter hat gesagt, wie schön, daß Isalein sich immer an die Wahrheit hält. Da hätte ich Törtel fast geboxt.
„Warum hast du nichts gesagt, dummer Hund?" hab ich geschrien.
Törtel hat sich mit der Pfote hinter dem Ohr gekratzt, als ob er Flöhe hat.
„Ich rede vielleicht mit dir, mein Kind", hat er gesagt. „Aber ich rede bestimmt nicht mit jedem. Am besten, du merkst dir das gleich."
Da sind wir verkracht nach Hause gegangen, das war ein bißchen schade. Aber trotzdem ist es schön, einen Hund zu haben. Auch wenn es nur ein Leihhund ist.

6.

Zum Glück hatte ich vergessen, ob wir Hausaufgaben aufhatten, da konnte ich sie auch nicht machen.
Ich hab den Fernseher angeschaltet und mein Schulbrot ausgepackt, aber Törtel wollte leider nicht fernsehen. Nur mein Schulbrot hat er gefressen, da waren wir wieder vertragen.

Und dann hat er sich auf den Rücken
gelegt und die Beine so komisch in die
Luft gehalten, und ich hab ihn am Bauch
gekrault. Und es war so ein gutes
Gefühl, und er hat auch so freundlich
gegrummelt, und es war mir überhaupt
nicht so langweilig wie sonst. Ich
hab mich neben Törtel auf den Teppich
gelegt und mich ganz dicht an ihn
drangekuschelt. Er hat so wunderbar
nach Hund gerochen.

„Törtel?" hab ich geflüstert. „Ich freu mich so, daß du da bist."
„Natürlich", hat Törtel gemurmelt und seine Pfote auf meinen Arm gelegt. „Natürlich, mein Kind." Dann hat er angefangen zu schnarchen.
Da war ich wahrscheinlich fast das glücklichste Kind auf der Welt.

7.

Als Törtel aufgewacht ist, haben wir uns
noch nett unterhalten. Über Fußball, zum
Beispiel, weil er sich sehr für Sport
interessiert, und über Tennis.
Dann hab ich Törtel seinen Napf mit dem
Hundefutter hingestellt. Das hatte ich
extra für ihn gekauft.
Aber leider hat Törtel sich nur geschüttelt.

„Tu weg, den Fraß", hat er gesagt. „Da würgt es ja jeden anständigen Hund."
„Hab ich doch extra für dich gekauft, Törtel!" hab ich gesagt.
Aber Törtel hat immer noch mit gesträubten Nackenhaaren vor der Schüssel gestanden.
„Würdest du so was fressen?" hat er gefragt.

Ich hab ganz schnell den Kopf
geschüttelt. Mir ist nämlich richtig schlecht
geworden bei dem Gedanken.
„Eben!" hat Törtel gesagt. „Die Menschen
fressen Schnitzel und Gulasch und Filet.
Und für uns Hunde kaufen sie – *das*!"
Und er hat sich wieder geschüttelt und
mit dem Rücken zum Napf hingesetzt.
„In der Werbung sagen sie immer, ihr
mögt das", hab ich gesagt.
„Werbung ist Scheiß", hat Törtel gesagt.
„Verzeih mir den Ausdruck, mein Kind."
Da hab ich im Kühlschrank nachgeguckt,
und da waren wirklich noch zwei
Karbonaden. Die haben Törtel auch sehr
gut geschmeckt.

8.

Als Mama von der Arbeit nach Hause gekommen ist, bin ich gleich zu ihr hingerannt.
„Mama!" hab ich geschrien. „Törtel kann reden!"
„Na wunderbar", hat Mama gesagt und ihren Rucksack mitten in den Flur gepfeffert. „Hattest du Hausaufgaben auf?"
„Wirklich, Mama!" hab ich gesagt. „Er kann reden!"
„Hausaufgaben?" hat Mama gefragt.
Törtel hat zwischen uns auf dem Boden gelegen und von Mama zu mir geguckt. Immer hin und her.
„Nein, keine Hausaufgaben, Mama!" hab ich gesagt. „Aber Törtel kann *sprechen*! Hast du gehört?"

„Na klar", hat Mama gesagt. „Sprechen kann ich auch."
Da hab ich gewußt, daß sie mir nicht glaubt, und ich bin richtig böse geworden.
„Zeig's ihr, Törtel!" hab ich gesagt. „Erzähl Mama mal was über Fußball!"
Aber Törtel hat nur den Kopf auf die Pfoten gelegt und ganz fürchterlich gegähnt. Wie ein ganz normaler Hund, das blöde Tier.

„Zeig's ihr, Törtel, bitte!" hab ich gesagt.
„Sag mal was über Werbung!"
Das hat er aber nicht gewollt, und Mama hat den Kopf geschüttelt und mir einen Vogel gezeigt.
„Wievielte Klasse bist du jetzt?" hat sie gefragt. „Zweite? Und spinnst immer noch so rum? Das muß doch irgendwann mal vorbei sein!"
„Bitte, Törtel!" hab ich gefleht.
Da hat im Wohnzimmer das Telefon geklingelt.

9.

Vom Telefonieren ist Mama natürlich wütend wiedergekommen.
„Das war die Mutter von Anna-Isabel!" hat sie gesagt. „Die wollte wissen, ob ihr auf Seite 37 nur Nummer 4a und b oder auch noch c und d als Hausaufgabe aufhabt."
„Oh!" hab ich gesagt.
„Ja, oh, oh, oh!" hat Mama gerufen. „Schwindeleien, wohin man sieht! Erst schwindelst du wegen dem Hund ..."
„Gar nicht wahr!" hab ich geschrien.
„... und dann schwindelst du wegen der Hausaufgabe! Sagst du überhaupt noch mal irgendwann die Wahrheit? Sonntags vielleicht? Oder dienstags zwischen zwei und vier?"

„Aber das mit Törtel …" hab ich geflüstert.
„Setz dich hin und rechne Seite 37!" hat Mama geschnauzt. „Gleich jetzt sofort!"
Da hab ich mich nicht mehr getraut, sie zu fragen, ob sie vielleicht eine Idee für das Schulfest hat. Was ich da vorführen kann auf der Bühne. Und ich hab mein Mathebuch rausgeholt und mich an den Küchentisch gesetzt. Ich mach meine Hausaufgaben lieber da, wo Mama ist. Sogar, wenn sie schlechte Laune hat.

10.

Ich hatte gerade angefangen, die sehr schwierigen Minus-Aufgaben von Nummer b zu rechnen, da hat Mama die Kühlschranktür aufgemacht. Natürlich wollte sie das Abendessen kochen.
Dann hat sie sich plötzlich umgedreht.
„Die Karbonaden?" hat sie gefragt. „Wo sind die beiden Karbonaden hin?"
„Die hat leider Törtel …" hab ich geflüstert.
Aber Mama hat mich schon unterbrochen.
„Die hat leider *wer*?" hat sie gefragt.
„Wie konnte ich dir bloß erlauben, diesen Hund auszuleihen? Das war unser Abendbrot!"
„Törtel hat gesagt, er mag leider kein Hundefutter", hab ich geflüstert. „Törtel sagt, in der Werbung …"

Aber da hat Mama schon auf den Küchentisch gehauen. Meine Federtasche ist richtig in die Luft gehüpft.
„Erzähl mir noch *einmal*, daß dieses Tier redet!" hat Mama geschrien. „Hunde können nicht reden! Hunde können nicht reden! Hunde können nicht reden!"

Ich hab zu Törtel hingeguckt, aber der hat getan, als ob er gar nichts versteht.
„Ich sag das nie wieder, Mama", hab ich geflüstert.
„Und zum Abendbrot gibt's dann eben Kartoffeln ohne was", hat Mama gesagt.
„Oder willst *du* jetzt das Hundefutter essen?"
„Nein, vielen Dank", hab ich ganz höflich gesagt.
Auf Törtel war ich langsam ziemlich böse.

11.

Und weil Mama so wütend war, wollte sie natürlich auch gleich noch Mathe mit mir üben. Natürlich die schwierigen Aufgaben.
„56 minus 38?" hat Mama gefragt. „56 minus 38?"
Das hab ich ziemlich schwer gefunden.
„Mach lieber plus, das kann ich besser", hab ich gesagt.
„Gerade darum", hat Mama gesagt. „56 minus 38?"
Da hab ich gerechnet und gerechnet, aber irgendwie ging es nicht so gut.
56 minus 38 ist schwer.
Dann hab ich es plötzlich gehört. Unter dem Tisch, wo Törtel lag, hat es gemurmelt, gar nicht so laut. Aber wenn man genau hingehört hat, konnte man es verstehen.

„Achtzehn!" hat es gemurmelt.
„Achtzehn!"
„Achtzehn?" hab ich vorsichtig gefragt.
„Genau", hat Mama gesagt. „Na bitte.
92 minus 76?"
Da hat es unter dem Tisch „sechzehn!"
gemurmelt, und ich hab „sechzehn?"
gesagt, und Mama hat gesagt,

Donnerwetter, ihre Tochter kann ja doch ganz gut rechnen.
„Ja, logisch", hab ich gesagt.
Mama hat mir bestimmt zwanzig Aufgaben gestellt, und Törtel hat sich keinmal verrechnet. Das ist für einen Hund doch toll.

Aber das Gemurmel unter dem Tisch hat Mama auch gehört, und sie ist schon wieder fast böse geworden.
„Wieso knurrt dieser Hund denn die ganze Zeit?" hat sie gefragt. „Oder knurrt dem etwa der Magen? Der kann doch nicht immer noch Hunger haben! Der hat doch schon unser ganzes Abendbrot gefressen!"

Ich hab lieber ganz schnell gesagt, ich möchte bitte noch ein bißchen rechnen. Und Mama hat gesagt, nee, für heute ist es genug. Sie hat ja gesehen, daß ich es kann. Und jetzt hat sie auch keine Lust mehr.

Ich hab Törtel unter dem Tisch ganz lieb mit dem Fuß angestupst. Es war doch wirklich nett von ihm, daß er mir beim Rechnen geholfen hat.

13.

Weil ich so schön gerechnet hatte, durfte Törtel neben meinem Bett schlafen.

„Schlaf schön, mein Schatz", hat Mama gesagt und das Licht ausgemacht. „Und ab morgen wird nicht mehr geschwindelt. Keine Geschichten mehr von sprechenden Hunden, hörst du?"
„Nee, bestimmt nicht", hab ich gesagt.
Aber als die Tür zu war, hat Törtel seinen großen Kopf auf mein Bett gelegt.
„Und jetzt wollen *wir beiden* mal rechnen üben", hat er gesagt. „64 minus 27?"
Ich hab so getan, als ob ich schlafe.
„Na gut", hat Törtel gesagt. „Aber glaub ja nicht, daß ich dann noch jemals ein Wort mit dir rede."
Was ist mir da übriggeblieben? Wir haben bis halb zehn gerechnet, lauter schwierige Minus-Aufgaben. Ich bin bestimmt das einzige Kind auf der Welt, dem ein Hund das Rechnen beigebracht hat.

14.

Am nächsten Morgen hat Herr Rieger gefragt, ob noch jemandem was für das Schulfest eingefallen ist, und er hat mich auch immer so angeguckt. Ich hab aber ja nichts gewußt.
Darum hab ich Törtel nach der Schule alles erzählt, und er hat ein sehr nachdenkliches Gesicht gemacht. Dann hat er mir bei all den schwierigen Minussen geholfen, damit ich mit den Hausaufgaben ganz schnell fertig war, und dann sind wir zu Anna-Isabel gegangen.
„Redest du heute mit ihr?" hab ich Törtel gefragt.
Törtel hat immer noch sehr nachdenklich geguckt.
„Mal sehen", hat er gesagt.

15.

Bei Anna-Isabel gibt es einen wunderbaren Spielplatz mit Seilbahn und viel Gebüsch, da sind wir hingegangen. Zum Glück war keiner auf den Schaukeln.
„Ich hab das Menuett vorhin schon wieder geübt", hat Anna-Isabel gesagt und ist mit den Füßen fast an den Himmel gestoßen. Was ja natürlich gar nicht geht. „Und jetzt kann ich es ganz toll."

„Na und?" hab ich gesagt und bin noch höher geschaukelt. Immer muß Anna-Isabel angeben und angeben und angeben.

„Du willst ja leider gar nichts vorführen, oder?" hat Anna-Isabel gesagt. Vielleicht ist sie doch nicht mehr meine *allerbeste* Freundin.

„Vorführen finde ich Babykram", hab ich gesagt und hab einen Absprung gemacht, mindestens zehn Meter weit. „Das ist ja was für Kindergartenbabys!"

Aber in mir drin hab ich gedacht, daß ich auch so gerne mal auf der Bühne stehen möchte in meinem schönsten blauen Kleid und unten klatschen alle Leute.
„Du weißt ja nur nicht, was du vorführen kannst!" hat Anna-Isabel von oben am Himmel gerufen. „Weil du ja kein Instrument spielst!"

Da ist zum Glück ein Mann mit einem Kinderwagen gekommen, der hat gefragt, ob der Hund uns gehört. Dann sollten wir ihn mal schleunigst wegbringen. Hunde sind auf dem Spielplatz nämlich nicht erlaubt.

16.

Ich hab Anna-Isabel nicht angeguckt, als wir vom Spielplatz weggegangen sind, und den Mund hab ich ganz fest zugekniffen. Darum wußte ich gleich, daß es Törtel war, als neben mir plötzlich eine tiefe Stimme geredet hat.
„Natürlich könnte ich was vorführen", hat die tiefe Stimme neben mir gesagt. „Ich weiß bloß noch nicht, ob ich will."

Anna-Isabel ist mit einem Ruck
stehengeblieben. „Lisa?" hat sie gesagt.
Ganz zitterig.
„Ein bißchen kindisch finde ich solche
Vorführungen nämlich schon", hat Törtel
gesagt. „Mehr was für Kindergartenbabys."
„Lisa?" hat Anna-Isabel geschrien. Sie
hat ausgesehen, als ob sie gleich tot
umfällt.

Ich wollte ihr gerade sagen, daß ich doch gar nichts mache und daß es Törtel ist, der spricht, da hat er schon wieder geredet.

„Ich bin eine Bauchrednerin", hat Törtel gesagt. „Und ich tu so, als ob der Hund redet. Ja, da staunst du, Anna-Isabel."

Und das hat sie wirklich getan. Und sie hat gesagt, oh, toll und ich soll noch mehr mit dem Bauch reden. Und morgen soll ich es bitte, bitte beim Schulfest vorführen, bitte, bitte, liebe Lisa. Da ist sie doch wieder meine beste Freundin gewesen.

„Mal sehen", hab ich gesagt. Ich hatte ja keine Ahnung, ob Törtel mitmachen würde.

17.

Natürlich hat Anna-Isabel sich am nächsten Morgen in der Schule gleich gemeldet. Sogar mit Schnipsen.
Dann hat sie Herrn Rieger erzählt, daß ich bauchreden kann, und Herr Rieger hat komisch geguckt und gesagt, na, Lisa, dann mach es mal vor.
Das konnte ich ja natürlich nicht.

„Ich kann es nur, wenn mein Hund dabei ist", hab ich gesagt. „Mein Leihhund."
Herr Rieger hat gelacht. „Ach so", hat er gesagt. „Hunde dürfen aber nicht aufs Schulgelände. Und wieviel ist 78 minus 39, liebe Lisa?"
Da hab ich gewußt, daß er kein Wort geglaubt hat.

18.

Und ich war so böse, daß ich mich den ganzen Vormittag nicht gemeldet hab.
Zum Schulfest wollte ich eigentlich auch nicht mehr gehen. Mama konnte ja sowieso nicht mit, weil sie arbeiten mußte. Aber dann hat Erdogan geklingelt, und er hat gesagt, jetzt hat er sich extra freigenommen für mein Schulfest und ich soll mich ein bißchen hübsch machen, damit wir gehen können.
Und wir haben Törtel an die Leine genommen und sind losgegangen.
Am Eingang vom Schulhof hat uns Herr Rieger natürlich gleich geschnappt.
„Keine Hunde auf dem Schulgelände, das weißt du doch, Lisa", hat er ganz freundlich gesagt.
Ich wollte gerade sagen, daß *ich* dann

auch wieder nach Hause gehe, da hat die tiefe Stimme neben mir schon wieder gesprochen.

„Aber ohne den Hund kann ich nicht bauchreden, Herr Rieger", hat die Stimme gesagt. „Ich brauch den Hund dazu."

„Meine Güte!" hat Herr Rieger geflüstert.

Er ist ganz käsig im Gesicht geworden.
„Das ist ja ganz unglaublich, Lisa! Das ist ja perfekt! Das hätte ich ja nie von dir geglaubt!"
„Ja, man glaubt vieles nicht im Leben", hat Törtel bescheiden gesagt. Und Herr Rieger hat mich ganz eilig zur Bühne geführt.

19.

Auf der Bühne stand gerade Anna-Isabel und hat ihr Menuett geflötet. Die Leute haben auch alle ganz lieb geklatscht, am lautesten ihre Mutter.
Dann hat Herr Rieger mich auf die Bühne geschoben, und ich bin froh gewesen, daß Erdogan gesagt hatte, ich

soll mich hübsch machen. Mein bestes blaues Kleid ist nämlich wirklich sehr schön.
Törtel hat sich vor mich hingesetzt und einen Augenblick gehechelt, und dann hat er gesagt: „So, so, ich höre, du hast einen Hund, der sprechen kann, Lisa!"
Und die Leute haben geklatscht und gelacht.

„Dann wollen wir mal ein Gedicht aufsagen", hat Törtel gesagt und mit „Advent, Advent, ein Lichtlein brennt" angefangen. Da haben alle geklatscht wie verrückt, und ich hab gemerkt, wie ich rot geworden bin. Darum bin ich dann auch ganz schnell von der Bühne geflitzt. „Zu-ga-be! Zu-ga-be!" haben die Leute geschrien. Das hatten sie ja bei Anna-Isabel nicht gemacht.

Aber ich bin trotzdem nicht wieder auf die Bühne gegangen. Mir war nämlich richtig ein bißchen schwindelig, und ich mußte auch fast ein bißchen weinen. Obwohl ich doch gar nicht traurig war. Und ich hab Törtel am Halsband genommen und bin zu Erdogan gelaufen. „Mensch, Lisa!" hat Erdogan gesagt und mich ganz erschrocken angeguckt.

20.

Auf dem Nachhauseweg hat Erdogan
mich gefragt, wie ich es gemacht habe.
„Glaubst du mir nicht, daß ich
bauchreden kann?" hab ich gefragt.
Erdogan hat mich angeguckt. „Nee", hat
er dann gesagt.
„Und glaubst du mir auch nicht, daß
Törtel reden kann?" hab ich gefragt.
Erdogan hat den Kopf geschüttelt. „Die
Antwort ist wieder: Nee", hat er gesagt.
Da hab ich mit den Achseln gezuckt.

„Ja, man glaubt vieles nicht im Leben",
hab ich gesagt.
Und ich hab gedacht, daß man ja nicht
angeben soll, aber auf dem Schulfest
heute haben mich vielleicht alle ganz toll
gefunden.
Da war ich vielleicht fast das glücklichste
Kind auf der Welt.